EDIT

DU ROY,

PORTANT REGLEMENT GENERAL

SUR LE FAIT

DES GABELLES

EN PROVENCE ET DAUPHINÉ.

Donné à Paris au mois de Fevrier 1664.

Regiſtré en la Cour des Comptes, Aydes & Finances de Provence, le 28
Juin 1664; Et au Parlement, Aydes & Finances de Dauphiné, le
5 Aouſt de la même année.

A PARIS,

Chez la Veuve SAUGRAIN ET PIERRE PRAULT, Imprimeur
des Fermes & Droits du Roy, Quay de Gêvres, au Paradis.

M. DCC XXVI.

EDIT DU ROY,

PORTANT Reglement General sur le Fait des Gabelles en Provence & Dauphiné.

Donné à Paris au mois de Fevrier 1664.

LOUIS, PAR LA GRACE DE DIEU, Roy de France et de Navarre, Dauphin de Viennois, Comte de Valentinois, Dyois, de Provence, Forcalquier & Terres adjacentes : A tous presens & à venir : SALUT. Noftre Ferme des Gabelles de Dauphiné & Provence eftant une des plus confiderables de noftre Royaume, & particulierement depuis la reduction de la Mefure de l'Efmine au Minot, ordonnée par noftre Declaration du mois d'Aouft 1661. en noftredite Province de Provence : moyennant quoy Nous avons remis audit

Pays plusieurs droits de grande valeur pour le remplacement desquels ladite reduction a esté faite· Et parce qu'elle se trouve ouverte au faux-saunage par la Mer de Provence, & par les Frontieres de Piedmont & Savoye, & dans son interieur pleine d'Estangs salans, de Fontaines salées & de Salins, qui en rendent les fraudes aisées & les precautions difficiles; Nous avons jugé necessaire non seulement d'en appuyer l'établissement par de bons & amples Reglemens, ainsi qu'il a esté fait de temps en temps pour les autres grandes Fermes de nostre Royaume, mais aussi de les maintenir & conserver contre les entreprises, fraudes, abus & malversations que le temps, l'occasion & la malice des hommes y peuvent introduire, au préjudice des Ordonnances des Rois nos Predecesseurs, qui n'ont eu aucune execution dans lesdites Provinces de Dauphiné & Provence, par la negligence de nos Officiers, & par la difficulté qu'il y avoit d'y remedier pendant les agitations d'une longue & penible guerre, que le feu Roy nôtre très honoré Seigneur & Pere, & Nous, avons esté obligés de soutenir pour la gloire de nostre Etat, & pour la seureté de nos Peuples; Et d'autant qu'il importe qu'on connoisse que c'est seulement par ce motif que Nous avons toleré l'inexecution desdites Ordonnances, & que dès que Nous avons esté en état d'y pourvoir, Nous y avons apporté le remede necessaire, tant pour faciliter la Regie de ladite Ferme, que pour arrester le cours des abus & malversations qui y ont esté introduits pendant les

5

troubles, avant qu'ils ayent esté fortifiez par un plus
long usage, & prévenir ceux qu'on y pourroit introduire à l'avenir pour Nous frustrer du prix de
ladite Ferme, dont Nous employons une bonne partie au payement des Gages des Compagnies Souve-
raines, entretien des Garnisons, & autres charges
desdites Provinces. A cet effet, Nouseftant fait re-
presenter les Baux anciens & nouveaux de notredite
Ferme les Arrests donnés en consequence en nostre
Conseil ; ensemble les Arrests de modification donnés sur iceux par les Cours de nosdits Pays, les
Ordonnances du Roy Loüis XIII. nostre très honoré Seigneur & Pere, de glorieuse memoire,
de l'an 1669. & autres anciennes & modernes, faites
sur le fait de nos Gabelles, ensemble le Reglement
par Nous fait pour les Gabelles de France au mois
de Juin 1660. Et ayant reconnu (à nostre grand re-
gret) que Nous ne pouvons empêcher les fraudes
qu'on Nous fait, par le seul respect des Loix, & qu'il
faut necessairement y joindre des peines, & que la
negligence des Officiers, ou leur facilité à les moderer, a produit la licence que Nous sommes main-
tenant obligez de reprimer. A CES CAUSES, de
l'Avis de nostre Conseil, où estoient la Reine nostre
très honorée Dame & Mere, nostre très cher Frere
Unique le Duc d'Orleans, aucuns Princes de nostre
Sang, & autres grands & notables personnages de
nostredit Conseil, de nostre certaine science pleine
puissance & autorité Royale, Nous avons par cettuy
nostre present Edit perpetuel & irrevocable, statué

& ordonné, ſtatuons & ordonnons ce qui enſuit.

PREMIEREMENT.

Que conformément aux Edits & Ordonnances faites ſur le fait des Gabelles, tous nos Sujets demeurans dans l'étenduë deſdites Fermes, tant Eccleſiaſtiques que Nobles, & autres de quelque condition qu'ils ſoient, prennent & ſoient tenus venir prendre en nos Greniers tout le Sel qui leur conviendra pour leur proviſion, ſalaiſon de chairs & poiſſons, uſage & neceſſité de leurs familles; Leur faiſaut très-expreſſes inhibitions & deffenſes d'uſer d'aucun autre ſel, ſur peine pour la premie refois de cent livres d'amende, pour la ſeconde en quatre cens livres, & pour la troiſiéme en douze cens livres, & aux reſtitutions des Droits de Gabelles, deſquelles amendes ils ne pourront appeller ni eſtre oüis en leur appel, qu'après avoir conſigné les ſommes & reſtitutions de droits de Gabelles eſquelles ils auront eſté condamnez, ès mains du Commis de l'Adjudicataire. Faiſons deffenſes aux Officiers de nos Chancelleries, d'expedier aucunes Lettres de Relief deſdites Appellations, & à nos Cours de Parlement, Aydes, Comptes & Finances de Dauphiné, Comptes, Aydes & Finances de Provence, de les recevoir, ſinon en leur repreſentant par les Appellans les Actes de Conſignation deſdites amendes & reſtitutions; Et en cas de contravention ſeront leſdites condamnations executées par proviſion en vertu defdites Sentences & de la prefente Ordonnance, aux cautions baillées par l'Adjudicataire, nonobftant les deffenfes qui auront efté ou feront ordonnées par nofdites Cours.

II.

Deffendons trés-expreffément à toutes perfonnes, tant Ecclefiaftiques que Nobles, Officiers & Marchands, Habitans des Villes, Bourgs & Villages defdites Provinces, de quelque eftat & condition qu'ils foient, d'acheter aucun fel non gabellé, de quelque perfonne que ce foit, & d'ufer d'autre fel que de celuy qu'ils prendront en nos Greniers, aux peines portées par le precedent article.

III.

Comme le faux-faunage fe fait en differentes manieres, qui ne font pas toutes également dommageables, & qui font plus ou moins hardies & de confequence, qu'elles font faites avec plus ou moins d'appareil, Nous avons trouvé jufte d'en regler les peines felon la qualité du délit; Et pour cet effet, Nous voulons que ceux qui feront le faux-faunage à porte col, fans armes, chevaux ni batteaux, foient condamnez pour la premiere fois en trois cens livres d'amende, & que par les Sentences il foit ordonné, qu'à faute de payer dans un mois, le temps paffé, fans qu'il puiffe eftre accordé aucun délay, lefdites amendes demeurent dés lors converties en la peine

du foüet, flétriſſure & marque d'un G. ſur le bras
gauche, au deſſus du poignet, laquelle marque ſera
appliquée avec un fer chaud : Et en cas d'Appel,
ladite amende eſtant conſignée, il y ſera defferé ; Et
s'ils recidivent, qu'ils ſoient condamnez aux Galleres pour trois ans, nonobſtant tous Reglemens &
autres choſes contraires.

<h2 style="text-align:center">IV.</h2>

Et à l'égard de ceux qui feront le faux-ſaunage
avec chevaux ou harnois, ou batteaux, & ſans armes,
Nous voulons qu'ils ſoient condamnez aux Galleres pour cinq ans pour la premiere fois, avec la
confiſcation à nôtre profit des chevaux, harnois,
batteaux, & de toutes les Marchandiſes qui feront
chargées ſur iceux : & en cas qu'ils recidivent, qu'ils
ſoient condamnez à la mort, Et d'autant qu'il peut
arriver que les condamnez au Galleres, feront incapables d'y ſervir pour des incommoditez conſi-
derables Nous voulons en ce cas, que les Viſiteurs
ou Controlleurs Generaux, & autres Officiers deſdites Gabelles, faſſent viſiter leſdits condamnez par
un ou deux Chirurgiens qu'ils nommeront d'office,
en preſence du Commis de l'Adjudicataire ; après
quoy s'ils ſont jugez incapables de ſervir aux Galleres, que cette peine ſoit convertie en celle du foüet,
flétriſſure avec la marque d'un G. ainſi qu'il eſt dit
cy-deſſus, & que s'ils viennent à recidiver, qu'ils
ſoient condamnez à la mort.

V.

V

Et quant aux femmes & filles qui feront trouvées faifant le faux-faunage à porte-col, il fera procedé contre elles par mefmes condamnations de cent livres d'amende, & de reftitutions de droits de Gabelles pour la premiere fois & pour la deuxiéme, au foüet & flétriffure, & de trois cens livres d'amende ; Enjoignons aux Officiers defdites Gabelles, de faire prononcer aux accufez leurs Sentences dans les vingt-quatre heures après qu'elles auront efté renduës, à peine de demeurer refponfables en leurs propres & privez noms, des condamnations pecuniaires portées par lefdites Sentences.

VI.

Les faux-fauniers qui feront trouvez allans querir ou conduifans du fel à port d'armes, feront punis de mort, & leur Procès faits par les Prevofts des Maréchaux & Lieutenans Criminels de Robe-Courte, & jugés prevoftablement en dernier Reffort, quand ils en feront requis par les Fermiers, ou qu'ils auront fait les captures. Permettons aufdits Prevofts des Maréchaux & leurs Lieutenans de prendre avec eux des Officiers des Prefidiaux, Bailliages ou gradués au nombre de fept, conformément aufdites Ordonnances, pour juger lefdits procès prevoftablement & en dernier reffort.

VII.

Les complices des faux-sauniers estant plus ou
moins punissables, suivant le plus ou le moins de
dommage qu'ils apportent à nosdits droits ; Nous
voulons que ceux qui achetent du faux-sel & le re-
vendent à nos Sujets, soient punis des mesmes peines pecuniaires & afflictives que Nous avons ordonnées contre lesdits faux-sauniers ; Et à l'égard de ceux
qui leur donnent retraite en leurs Maisons & Chafteaux, qu'il soit procedé contre eux suivant la rigueur des Ordonnances, & que leurs Chasteaux &
Maisons soient rasez & démolis, & eux declarez
Roturiers, sans que nosdits Officiers les puissent dif-
penser dudit rasement, ni le convertir en amendes
pecuniaires, à peine d'en répondre en leurs noms,
& d'estre declarés incapables de tenir & exercer aucuns Offices.

VIII.

Et d'autant que les faux-sauniers se licentient
d'autant plus librement d'enfraindre & transgresser
nos Loix & Ordonnances, à cause de la facilité
qu'ils trouvent ès passages des Rivieres & logemens
dedans les Villes, Bourgs, Villages & autres lieux,
les Habitans desquels Lieux les favorisent, au lieu
de les arrester, avons fait & faisons très-expresses
inhibitions & deffenses à tous Hauts Justiciers, leurs
gens, domestiques & Officiers de leurs Justices, Gens

d'Eglife, Nobles, & tous autres de quelque qualité &
condition qu'ils foient, de laifler pafler par leurs
Villes & Villages, Bourgs & Hameaux, lefdits faux-
fauniers, menans & conduifans du Sel non gabellé,
& de les loger ni fouffrir eftre logez, & de leur ad-
miniftrer pain, vin avoine, foin & autres vivres,
mais iceux arrefter ou faire arrefter & prendre, en-
femble leur fel, beftes, charettes & harnois, fans
autre Commiffion, Information, Autorité de Juge,
que des Prefentes, les mettant incontinent & fans
délay ès mains des Officiers des Gabelles, pour eftre
procedé contre eux ainfi que deffus.

IX

Et pareillement faifons deffenfes à tous les Fermiers des Ports & Paffages, Meufniers & Lavandiers,
& autres ayans Batteaux fur les Rivieres, de ne paffer ou faire pafler lefdits faux-fauniers dans lefdits
Batteaux, ains de les tenir la nuit attachez à chaifnes
de fer & ferrures fermantes à clefs, afin que lefdits
faux fauniers ne puiffent pafler en iceux ; Voulans
& ordonnans que tous les deffufdits qui auront paffé
ou fait pafler lefdits faux-fauniers, foient punis des
mefmes peines ordonnées par ces Prefentes contre
lefdits faux-fauniers.

X

Et comme il eft notoire que lefdits faux-fauniers
ont retraite & font amas de fel en plufieurs Abbayes,

B ij

Chasteaux, Maisons & Places fortes, Caves, Celliers
& autres endroits, où ils esperent que le respect des
lieux & les Maistres d'iceux, les mettront à couvert;
Nous voulons & ordonnons que recherche & visite
soit faite ès lieux suspects, par les Officiers de nos
Gabelles sur ce requis, ou par les Commis, Capitaines, Gardes & Archers préposez pour la conservation de nos droits de Gabelles; Enjoignons aux
Maistres des Maisons, Chasteaux & Places fortes,
ou à ceux qui y resident, de quelque qualité & condition qu'ils soient, à leurs Fermiers & Receveurs,
serviteurs & domestiques, d'en faire l'ouverture lors
qu'ils en seront requis, à peine d'estre punis comme
participans aux crimes desdits faux-sauniers; Et où
ils seroient refusans ou dilayans, Permettons ausdits Officiers, Commis, Capitaines & Gardes, de
faire ouverture des portes; en sorte que la force Nous
en demeure & à Justice, saisir, prendre & apprehen-
der ceux qui auront fait lesdites rebellions, leur faire & parfaire leurs Procez comme rebelles & pertur-
bateurs du repos public; Et que si les Proprietaires
desdites Maisons, Chasteaux & autres Lieux, sont
convaincus d'avoir permis la retraite ausdits faux-
sauniers, recellé & retiré leurdit sel, chevaux & harnois; Ordonnons que leur Procès leur sera fait &
parfait.

XI.

Et estant aussi deuëment avertis qu'aucuns des
Gouverneurs, Capitaines, Lieutenans des Villes

frontieres & autres Places fortes, se mélent du Trafic, protegent & donnent retraite ausdits faux-sauniers; Avons ordonné & ordonnons qu'il sera procedê extraordinairement contre ceux qui se feront employez à un Trafic si éloigné de leur Profession, prohibé & defendu par nos Edits & Ordonnances.

XII.

Faisons aussi très-expresses inhibitions & deffenses à tous Gouverneurs, Lieutenans, Meftres de Camp & Capitaines tant de Cavalerie que d'Infanterie, Lieutenans, Enseignes & Sergens, estant en garnison en nosdites Villes & Places frontieres, & à tous Capitaines de Vaisseaux & Galleres, leurs Officiers, de laisser fortir les foldats desdites Garnisons ou Vaisseaux & Galleres, avec armes & bastons à feu, pour faire le faux-faunage, assister, escorter lesdits faux-sauniers, à peine de privation de leurs Charges, & de répondre en leurs propres & privés noms, de tous dépens dommages & interests que les Adjudicataires pourroient prétendre pour raison de ce. Et où lesdits Gouverneurs, Lieutenans, Mestres de Camp, Capitaines de Mer ou de Terre, Lieutenans, Enseignes & Sergens, se trouveroient coupables dudit faux-faunage fait par lesdits Soldats, & l'auroient permis, consenti & toleré; Voulons qu'il en soit informé, & les Procedures à Nous envoyées pour y pourvoir, & que tous lesdits Soldats & Officiers qui feront trouvez avec armes &

baſtons à feu, portans & conduiſans du faux-ſel, ou preſtant main-forte, en eſcortant les faux-ſauniers, ſoient condamnez à eſtre pendus & étranglez par leſdits Prevoſts des Maréchaux, ou Officiers de de nos Gabelles, nonobſtant oppoſition ou appellations quelconques.

XIII.

Et comme il eſt certain & notoire qu'il ſe commet encore un tres grand faux-ſaunage par les Marchands, Voituriers & Conducteurs des ſels deſtinez pour le fourniſſement de nos Greniers qui ſe font tant par Mer que par les Rivieres du Rhône, l'Izere, Durance & autres, par leſquelles ſe font les fournitures de nos Greniers, vendans le ſel qui eſt mis & dépoſé dans leurs Batteaux, pour eſtre par eux mené & conduit aux lieux auſquels il eſt deſtiné, & pour couvrir leurs fraudes & larcins, feignent de faux Naufrages & autres inconveniens, & vont quelquefois à tel excès de perfidie, qu'ils font perir aucuns de leurs Batteaux, aprés avoir vendu la plûpart du ſel, pour empêcher la preuve dudit larcin; ce qui eſt d'autant plus puniſſable, que ce ſont proprement larcins domeſtiques: Pour à quoy remedier, avons ordonné que ceux deſdits Voituriers, leurs Facteurs, gens de leur Equipage, & autres ayant charge de la conduite dudit ſel, qui ſe trouveront convaincus d'en avoir abuſé, & d'iceluy pris, emporté, dérobé & enlevé, ou fait prendre, emporter, derober & enlever, ſeront

pendus & étranglés comme voleurs domestiques, &
leurs biens confisqués, demeurant les Marchands
& Voituriers qui ne seront coupables, responsables
civilement des vols & larcins commis par leurs Facteurs & Gens de leur Equipage; Et s'il se trouve
quelque déchet extraordinaire audit sel, & bien qu'il
n'y ait preuve du vol & larcin d'iceluy, lesdits Voituriers seront neanmoins tenus suivant nos anciennes Ordonnances, de payer ledit déchet extraordinaire au prix du Grenier où la descente en aura
esté faite; Deffendons tres-expressément à tous nos
Officiers d'en moderer les peines.

XIV.

Et voulans pourvoir aux plaintes qui Nous ont
esté faites, que plusieurs Seigneurs & Gentilshommes
empêchent les recherches & visites necessaires pour
la conservation de nos droits dans les Villes, Bourgs
& Villages dont ils sont Proprietaires, & que nos
Officiers des Gabelles, Commis, Capitaines, Gardes
& Archers y fassent la fonction de leurs Charges jusques à deffendre aux Habitans des Lieux de les loger,
retirer & leur administrer vivres, qui est en effet par
une rebellion manifeste s'opposer directement à nostre autorité, qu'aussi celles qui sont faites du refus
que les Officiers ou Consuls font d'assister aux Visites
des Villes, Bourgs & Villages, & lieux de l'étenduë
desdites Fermes; au moyen de quoy lesdites visites
se trouvant interrompuës, les Commis & Gardes

defdites Gabelles n'ofans pas y proceder fans l'affif-
tance defdits Confuls ou Officiers & fe contentent
de faire des Ptocès verbaux de refus, qui ne reme-
dient pas au mal qui procede de l'interruption defdites vifites; Et ayant reconuu que l'amende reduite
à trente livres par l'Arreft d'Enregiftrement du Bail
defdites Gabelles; contte lefdits Confuls & Officiers,
à caufe du refus d'affifter aufdites vifites, ne fuffifoit
pas pour empêcher les abus, d'autant que dans la
plûpart des lieux frontieres de Dauphiné, lefdits Officiers & Confuls fe refolvôient volontairement d'eftre condamnez à ladite amende pour empêcher lefdites vifites, fous l'indemnité des Habitans, qui par
ce moyen s'exemptoient du payement des amendes
particulieres qu'ils pouvoient avoir encouruës pour
fe trouver faifis de faux fel, faute d'avoir fuffifam-
ment gabellé, ou de rapporter leurs billets : Nous
faifons très expreffes inhibitions & deffenfes à tous
Gentilshommes & autres perfonnes de quelque qualité & condition qu'elles foient de troubler & empêcher lefdits Officiers de nos Gabelles, Commis,
Capitaines, Brigadiers, Gardes, Archers, & autres
prepofés pour la confervation d'icelles, en l'exercice
& fonction de leurs Charges, ni fouffrir qu'ils foient
empêchez, à peine de défobéïffance, & de confifcation de leurs Fiefs Juftices, Terres & Seigneuries;
Enjoignons en outre aufdits Confuls, Officiers des
Villes, Bourgs, Villages & lieux de l'étenduë defdites Fermes, d'affifter aufdites vifites incontinent,
& toutes fois & quantes qu'ils en feront requis par
les

les Commis, Gardes & autres perſonnes prepoſées à
cet effet, à peine d'interdiction, & de trois cens livres d'amende, qui ſera declarée encouruë du jour
du refus; Permettant neanmoins auſdits Commis &
Gardes de continuer leſdites viſites, en prenant deux
bitans du lieu ou des environs pour eſtre témoins
de leurs Procedures, & pour ſigner les Procès verbaux, tant du refus deſdits Officiers & Conſuls, que
de leurs viſites.

XV.

Ayant eſté auſſi reconnu qu'à l'occaſion de l'augmentation du prix du ſel dans les Pays dépendans
de ladite Ferme des Gabelles de Provence & Dauphiné, il commence à ſe commettre un autre abus, qui
eſt que non ſeulement pluſieurs Marchands & autres,
tant Etrangers que de nos Sujets s'ingerent à mener
& conduire des poiſſons & chairs ſallées d'autre ſel
que de celuy de nos Greniers dans leſdits Pays, pour
les y vendre & diſtribuer, & conduiſent des Porcs &
Bœufs dans les Pays Etrangers, pour les tuer & faire
ſaler, & après les apportent dans noſdites Provinces
de Dauphiné & Provence, pour les y vendre & diſtribuer; ce qui cauſeroit une très-grande diminution
à noſdits droits, ſi ledit abus n'eſtoit retranché. Pour
à quoy obvier, avons fait très-expreſſes inhibitions
& deffenſes à tous Marchands, tant François qu'E-
trangers, & à toutes autres perſonnes de quelque
qualité & condition qu'elles ſoient, d'amener ou
conduire, ou faire conduire & amener aucuns Poiſ-

fons & chairs dans l'étenduë de ladite Ferme, falés d'autre fel que de celuy qui aura efté pris dans nofdits Greniers, & payé nos droits dont ils feront apparoir par les Billets de Gabelle, à peine de confifcation defdits poiffons, lards & autres chairs fallées, chevaux, charrettes, vaiffeaux, navires & batteaux, dans lefquels ils auroient efté amenés & autres Marchandifes qui fe trouveront en iceux, & de trois mille livres d'amende.

XVI.

Tous Patrons de Vaiffeaux & Barques chargés de fels venans des Terres étrangeres, ou de nos falins, qui arriveront aux Ports & Havres des coftes de la Mer, feront tenus d'appeller le Fermier, ou l'un de fes Commis, à peine de confifcation & d'amende arbitraire, lefquels Vaiffeaux, tant Marchands que de Guerre, entrans & féjournans aufdits Ports & Havres, ne pourront ufer d'autre fel que de celuy defdites Fermes, & au prix des Greniers d'icelles; Faifons deffenfes aux Capitaines & Patrons, fur peine de perte de leurs Vaiffeaux, de contrevenir à ces prefentes, ni de faire aucunes violences aux falins, à peine de la vie; Enjoignons aux Capitaines & Officiers defdits Vaiffeaux & Galleres, & aux Juges de l'Amirauté, d'y tenir la main, & de permettre de faire les Vifites neceffaires, quand le Fermier le requerera, dans lefdits Vaiffeaux & Galleres, à peine d'en répondre en leur propre & privé nom.

XVII.

Et fur les plaintes qui Nous ont efté faites qu'aucuns Commandans & Capitaines de nos Galleres &
Vaiffeaux font quelquefois des defcentes dans nos
falins, & enlevent des fels à force ouverte, au préjudice des deffenfes que Nous leur avons faites par nos
précédentes Ordonnances ; Nous deffendons à tous
Capitaines & Commandans de nos Galleres & Vaiffeaux, de prendre aucuns fels de nos falins, qu'en
payant le prix ordinaire, & de faire aucun enleve-
ment de fels à force ouverte, ni de quelque ma-
niere que ce puiffe eftre, à peine de défobéïffance,
& d'eftre procedé contr'eux extraordinairement.

XVIII.

Et pour remedier aux abus qui fe commettent en
la voiture des fels, tant par eau que par terre, voulons que les particuliers qui feront convaincûs d'a-
voir volé des fels fur les rivieres & grands chemins,
foit à port d'armes ou autrement, foient punis de
mort : Comme auffi les Commis, Capitaines, Gardes & Archers defdites Gabelles, qui feront convaincus d'avoir fait ledit faux-faunage, ou donné
paffage aux faux-fauniers chargés de fels, ou fait ce
trafic avec eux directement ou indirectement, feront
comme voleurs domeftiques, condamnés à eftre
pendus & étranglés ; Et quant aux Sentences qui

feront renduës contre lesdits Voituriers pour le payement des déchets extraordinaires, Nous voulons
qu'elles soient executées par provision, nonobstant
oppositions ou appellations quelconques, aux cautions de l'Adjudicataire.

XIX.

Et comme depuis plusieurs années les Salpestriers
& Verriers, au lieu de jetter le sel de salpestre &
verrerie qui se trouve au fond de leurs Chaudieres
& Fourneaux, comme sel immonde, le vendent à
divers particuliers, & en font un faux saunage public; Voulons & ordonnons que les Commis, Capitaines & Archers des Gabelles, en faisant leurs visites & recherches dans les Maisons & Atteliers desdits Salpestriers & Verriers, saisissent & transportent
lesdits sels, pour estre jettés comme immondes, & que
nos Officiers procedent contre lesdits Salpestriers,
Verriers & autres qui se trouveront saisis desdits sels,
par les mesmes voyes de restitution des droits de Gabelles, d'amende, marque & peines afflictives, tout
ainsi que contre les faux-sauniers. Faisons inhibitions & deffenses ausdits Salpestriers & Verriers, de
se pourvoir pour raison de ce, pardevant autres Juges que nosdits Officiers des Gabelles, & par appel
ailleurs qu'en nos Cours de Parlement, Aydes & Finances de Grenoble, Cour des Comptes, Aydes & Finances de Provence, & à tous autres Juges, Officiers &
Cours, d'en prendre connoissance, à peine de nullité,

X X.

Les deffences que Nous avons faites à nos Juges, Presidiaux, Prevosts des Maréchaux & autres de connoistre du fait de nos Gabelles, circonstances & dépendances, estant renduës inutiles sous divers prétextes, mesme des crimes supposés, pour raison desquels lesdits Juges font les Procès prevostablement & en dernier ressort, aux Commis, Capitaines, Gardes & autres employés par nos Fermiers pour la conservation de nos droits ; Nous deffendons très expressément à nosdits Juges, Presidiaux, Prevosts des Maréchaux, Vice-Baillifs, & à tous autres, mesme à nos Cours de Parlement de Dauphiné & Provence, & à nos Cours des Comptes, Aydes & Finances desdits Pays de juger lesdits Capitaines, Gardes & autres Commis employés de nostre Fermier pour le fait desdites Gabelles ; Et en cas que les qualités des susdits Officiers, Commis & autres cy-dessus, fussent supprimées par les plaintes faites & avis qui auroient esté donnés à nosdits Juges, & qu'ils eussent informé, decretté & fait executer les decrets contre eux, Nous voulons qu'ils defferent aux declinatoires desdits accusés, ou à la revendication qui en seroit faite par nos Officiers desdites Gabelles, ou par les Commis de notredit Fermier, & afin que sous pretexte du present article, aucun ne puisse prétendre impunité ; Voulons qu'au cas que nosdits Juges prétendissent que les crimes dont lesdits accusés seroient prévenus,

& dont ils auroient informé, fuſſent de leurs competence, ils envoyent leurs Informations au Greffe de noſtre Conſeil, auquel nos Officiers deſdites Gabelles feront pareillement tenus d'envoyer celles qu'ils auront faites de leur part, pour eſtre par noſtredit Conſeil la Juriſdiction reglée, & cependant ſurſéoir à l'Inſtruction & au Jugement, juſqu'à ce qu'autrement par Nous il en ait eſté ordonné, après avoir vû en noſtre Conſeil les Informations & autres Procedures. Deffendons en outre à noſdits Prevoſts & Vice-Baillifs, de faire juger leurs competences contre aucuns de noſdits Officiers des Gabelles, Commis de noſtre Adjudicataire, Capitaines, Archers & Gardes, Huiſſiers & autres employés au fait deſdites Gabelles, & à nos Cours de Parlement, Juges, Preſidiaux, & autres Juges & Gradués, de les juger, à peine d'interdiction, & de tous dépens, dommages & intereſts : Et à faute d'envoyer par leſdits Juges leurſdites Informations, Nous voulons qu'en vertu de la preſente Ordonnance, leurs Greffiers ſoient contraints par corps de les delivrer au premier Commandement, moyennant ſalaire raiſonnable.

XXI.

Comme pareillement voulons & ordonnons que toutes fois & quantes que les Officiers de nos Gabelles & autres Juges rendront des Sentences ou Jugemens à l'encontre de l'Adjudicataire de nos Gabelles ou de ſes Commis, contraires à la diſpoſition de noſ

tre prefente Ordonnance , & aux Arrefts & Reglemens de nofdites Cours des Aydes , qu'en recevant
par nofdites Cours des Aydes l'Adjudicataire ou fes
Commis Appellans defdites Sentences ou Jugemens ,
la provifion leur foit adjugée fur leurs fimples Re-
queftes , mefme la reftitution des deniers qu'ils auront efté contraints de payer en vertu de telles Sentences ou Jugemens, & ce à la caution dudit Fermier.

XXII.

Et d'autant que depuis l'augmentation faite du
prix du Sel , il s'eft introduit un très grand abus , qui
eft que grand nombre de perfonnes vont querir de
l'eau de la Mer , laquelle ils emportent & voiturent
dans leurs maifons & autres lieux éloignés de la cofte ,
comme auffi des eaux de fontaines falées , eftangs
falans , aygueffaux , mefme de fabriquer du fel defdites eaux , les vendans au peuple , les abufans du
pretexte qu'elle peut fervir de faler leurs potages , &
d'en donner à leurs beftiaux , ce qui apporte une grande diminution à nos droits, & caufe des maladies con-
tagieufes , flux de fang & autres , dont quantité en
font morts , & meurent journellement. A quoy eftant
neceffaire de pourvoir , tant pour la confervation de
nos peuples que de nos droits, Nous avons fait & faifons tres-expreffes inhibitions & deffenfes à toutes
perfonnes de quelque qualité & condition qu'elles
foient d'aller querir de l'eau de la Mer , des eaux de
Fontaines fallées , étangs falans , & ayguefleaux , les

vendre, acheter & en uſer, tant pour eux que pour
leurs beſtiaux, à peine d'eſtre punis des mêmes peines ordonnées contre les faux-ſauniers par noſtre preſente Ordonnance; Mandons & enjoignons aux Officiers de nos Gabelles, d'en faire la perquiſition &
recherche, faire & parfaire le Procès à ceux qui auront contrevenu, ordonnant aux Commis, Capitaines, Gardes & Archers pour la conſervation de nos
droits, de ſaiſir ceux qu'ils trouveront puiſans, portans, conduiſans, vendans ou achetans deſdites eaux
ſallées, avec leurs chevaux, charettes, harnois &
vaiſſeaux ſervans à voiturer ou cacher leſdites eaux,
iceux mener pardevant les Officiers des Gabelles,
pour leur eſtre leur Procès fait & parfait, Et pour le regard de ceux qu'ils trouveront portans deſdites eaux
avec des ſeaux, ſeilles, cruches, pots ou autres moin-
dres vaiſſeaux, caſſeront les cruches, pots & autres
vaiſſeaux s'ils ſont de terre ou bois, & où ils ſe
trouveront d'airain, cuivre, fer, ou autre métail,
ils ſeront par eux repreſentés auſdits Officiers, pour
eſtre confiſqués, & les contrevenans condamnés aux
peines cy-deſſus ordonnées contre les faux-ſauniers,
permettant en outre audit Fermier de rompre leſdites fontaines, étangs & aygueſſeaux, ſubmerger leſdites eaux ſallées & ſalins, avec d'effenſes à toutes perſonnes de les ouvrir, ni d'en prendre aucunes eaux
pour leur uſage, & de leurs beſtiaux, ou vendre icelles, à peine de punition corporelle; Enjoint à tous Seigneurs des lieux où elles ſe trouveront, même celles de
la Saulce-Parpiac, Salcon, Mories, Lorſonne & autres,

de

de tenir la main à l'execution du present article, fur
peine de demeurer refponfables des dommages & interefts dudit Fermier, de la perte que Nous en fouf-
frirons, & de dix mille livres d'amende.

XXIII.

Enjoignons aux Battelliers, tant des Rivieres du
Rhône, l'Izere, Durance, qu'autres dans l'étenduë
des limites defdites Fermes, de mettre des Cadenats
à leurs Batteaux pour eftre fermés à clef, & principa-
lement la nuit, & à faute de ce, il fera permis aux
Gardes du Fermier de rompre lefdits Batteaux, & les
Batteliers condamnés en amendes arbitraires; Comme
auffi Nous permettons audit Fermier de mettre des
Cadenats la nuit aux Batteaux de chaque Port, pour
empêcher les verfemens de Sel que lefdits Batelliers
font d'une Province à l'autre, & le paffage des Faux-
fauniers.

XXIV.

Voulons que ledit Fermier, fes Affociés, Commis,
Archers, Gardes, Patrons & autres employés aufdites Gabelles & Saunage des falins, allans, venans & féjournans, puiffent & leurs gens dont ils
font refponfables civilement, porter toutes fortes
d'armes & baftons à feu, & qu'ils foient exempts de Lo-
gement de Gens de Guerre, Guet, Gardes, Sequeftres,
& Corvées de Ville : Faifons deffenfes tres-expreffes
aux Juges, Officiers, Communautez, Confuls & au-

tres, de contrevenir à ces Presentes, à peine de dix mille livres d'amende, & de demeurer responsables en leurs propres & privés noms, de toutes pertes, dommages & interests dudit Fermier, Commis, Gardes, Patrons & autres Employés en l'étenduë desdites Fermes, sans qu'ils soient tenus de prendre autres Lettres que l'extrait du present Article. Mandons à cet effet à tous nos Gouverneurs & Lieutenans Generaux de les en faire joüir, faisant deffenses aux Consuls, Chastelains & autres Officiers des Lieux, de bailler aucuns Billets pour lesdits Logemens ; le tout sur les mêmes peines que dessus.

XXV.

Et comme nous sommes avertis des Assemblées qui se font jusques à cent & six vingt personnes, qui conduisent à main armée grand nombre de bestes de Voiture chargées de sel, venans de Piedmont & autres lieux frontieres, qu'ils debitent dans l'étenduë de la Ferme ; A quoy les Gardes presentement établis, quoy qu'en grand nombre, ne peuvent resister ni les empêcher : Nous permettons audit Fermier de mettre aux passages & lieux qu'il jugera à propos, des Compagnies de Chevaux-Legers jusqu'à cinquante Maistres chacune, suivant les Commissions qui en seront par Nous à cet effet expediées, pour tenir les frontieres netes de faux-sauniers, avec pouvoir de se saisir d'eux ; Et en cas de resistance, s'y opposer, en sorte que la force Nous demeure & à Justice, pour

eſtre perocedé contre les faux-ſauniers , ſuivant la
rigueur des Ordonnances.

XXVI.

Et d'autant que Nous avons eſté avertis que le
Syndic du Pays de Provence étendoit la faculté par
Nous accordée à ladite Province, d'y faire entrer le
poiſſon ſallé venant des Pays Etrangers , par noſtre
Declaration du mois d'Aouſt 1661. au de-là de
noſtre intention, & qu'il prétendoit que les Sardines,
Enchois & autres Poiſſons de l'Eſpagne, & des Villes
qui ont des francs-ſallés en ladite Province, y dé-
voient auſſi entrer franches ; Nous nous ſommes fait
repreſenter ladite Declaration : Et ayant eſté pleine-
ment informez que cette extenſion eſtoit non ſeulement ruineuſe à nos Fermes, pour l'introduction du
faux-ſaunage , & la diminution des Ventes du ſel de
nos Greniers, mais encore très-dommageable aux peſ-
ches qui ſe font ſur les coſtes dudit Pays , dont la plûpart des Habitans tirent leur ſubſiſtance, & où la plus
grande partie du ſel qui ſe debite en ladite Province
eſt employé : Nous avons, en expliquant ladite Declaration , declaré que Nous n'avons entendu , ſous la
deſignation de Poiſſon venant des Pays étrangers ,
comprendre , ſinon ceux qui ne ſe peſchent pas aux
coſtes de Provence, comme les Moruës vertes & ſé-
ches , les Harangs verts & ſecs : Et pour les Sardines,
Anchois , Maqueraux & autres Poiſſons qui ſe pê-
chent dans les côtes de Provence , de quelque part

qu’elles foient portées , Nous voulons qu’il en foit
ufé comme auparavant ladite Declaration.

XXVII.

Et pource que par la même Declaration , Nous
avons encore accordé à noftredit Pays de Provence,
la fuppreffion des Regratiers qui fe trouvoient à
charge à ceux qui achettent le fel à petites mefures ,
parce qu’ils eftoient obligés de l’acheter plus cher
qu’au Grenier, à caufe du Parifis que lefdits Regratiers payoient par deffus les autres Gabellans , & pour
lequel ils tenoient lefdits Regratages à rente du Fermier ; le Syndic dudit Pays & les Habitans, ont pré-
tendu que cette fuppreffion donnoit la faculté à toutes fortes de perfonnes de vendre du fel comme bon
leur fembloit, fans garder aucun ordre de Gabelle;
quoy que par ladite Declaration il eût efté par xprès
ordonné, que ceux qui vendroient du fel garde-
roient les Ordonnances & Reglemens de nos Gabelles,ce qui cauferoit une entiere ruine de ladite Ferme,
par le faux faunage & autres inconyeniens inévita-
bles qui en refulteroient : A quoy voulant pourvoir,
en expliquant noftredite Declaration, Nous decla-
rons que Nous n’avons entendu accorder à ladite
Province, par la fuppreffion defdits Regratiers , fi-
non la décharge dudit Parifis que lefdits Regratiers
payoient au Fermier, & qu’ils faifoient payer au peuple en leur revendant le fel , & que Nous entendons
que les Vendeurs à petites Mefures , qui feront mis

à la place defdits Regratiers, foient établis en nombre certain ; fçavoir, deux en chaque Ville, & un en
chaque Bourg & Village, & qu'ils foient nommés
par les Confuls des Lieux, qui en demeureront refponfables civilement, & agréés par le Fermier defdites Gabelles, de qui ils prendront Regiftre, pour
écrire fur iceluy tous les fels qu'ils prendront dans
les Greniers, & le debit qu'ils en feront, & qu'ils
foient obligés en tout de garder les Ordonnances
& Reglemens defdites Gabelles.

XXVIII.

Et voulant remedier aux abus qui fe commetent
à faute par les Gabellans de prendre des billets des
fels qu'ils gabellent dans les Greniers de ladite Ferme, Nous enjoignons à tous Gabellans, foit Vendeurs à petites Mefures & autres, de prendre des
billettes desReceveurs & Controlleurs de chaqueGre-
nier, de la quantité des fels qui leur fera delivrée
en iceux, & de porter lefdits Sels aux lieux pour lefquels ils auront pris les Billets de Gabelle, & nom-
mément ceux qui gabelleront aux Greniers de Provence, lefquels font obligés de paffer leurs fels aux
Bureaux de Sifteron & Seyne, pour en payer l'im-
pofition. Voulons qu'à faute de paffer par lefdits Bureaux, & fur la verification qui fera faite de leur contravention fur les Regiftres defdits Bureaux & Greniers, les contrevenans foient condamnés comme
Faux-Sauniers en mille livres d'amende, confifcation

de Sels, & autres peines cy-deffus declarées.

XXIX.

Et d'autant que Nous avons reçû diverfes plaintes defdits Fermiers des Gabelles de Dauphiné & Provence, de ce que lefditesProvinces eftant voifines & limitrophes d'Efpagne, Piedmont, Savoye & Nice, les Habitans des Frontieres, & ceux des bords de la Mer, qui peuvent facilement faire venir des Sels defdits Pays, au lieu de prendre du Sel aux Greniers de nofdites Fermes pour leur ufage, fe fervent du Sel d'Efpagne, Piedmont & Savoye, nonobftant les Reglemens de nos Gabelles, qui n'ont jamais pû eftre executés fur lefdites Frontieres, à caufe des empêchemens donnés à nofdits Fermiers par les Gentilshommes & autres perfonnes puiffantes, Habitans defdits Pays, qui non contens d'avoir plufieurs fois excedé les Commis & Gardes defdites Fermes, donnent retraitte aux Faux-Sauniers dans leurs Maifons & Chafteaux, & font un Commerce public du Sel de Contrebande, & en verfent quantité en l'étendüe de nofdites Fermes; ce qui oblige lefdits Fermiers d'entretenir diverfes Brigades, & de faire faire de frequentes vifites, aufquelles nos Sujets defdites Frontieres fe trouvant d'ordinaire convaincus de Faux-Saunage, & pour raifon de ce, condamnés en de groffes amendes, ou demeurent bien fouvent ruinés & nos Fermiers auffi, par les pertes que leur caufent lefdits faux-faunages & frais extraordinaires;

Pour à quoy obvier, Nous voulons que par les Com-
miſſaires que nous députerons à cet effet, il ſoit fait
Reglement, nos Officiers & Conſuls des Lieux appellés, de ce que chaque Lieu, Bourg, Village & Ha-
meau, eſtant ſitués dans les limites deſdites Fermes
juſques à trois lieuës deſdites Frontieres d'Eſpagne,
Pïedmont, Savoye & Nice, & ſur le bord de la Mer,
peuvent conſommer de Sel annuellement, eu égard
au nombre d'Habitans & Beſtiaux qui ſe trouveront
eſdits lieux, & que la quantité à laquelle chaque
lieu ſera reglé, leur ſoit delivrée par ledit Fermier
ou ſes Commis, au prix ordinaire du plus prochain
Grenier.

XXX

Sur ce qui Nous a eſté auſſi repreſenté que le prix
du Sel de Dauphiné ſe trouve plus grand que celuy
du Sel de Provenee, les Habitans des Lieux Frontieres de Dauphiné, qui ſont ſur les limites de Provence,
au lieu de prendre du Sel dans les Greniers de ladite Province de Dauphiné, vont prendre celuy de
Provence, ſans payer l'impoſt que Nous avons éta-
bly dans les Bureaux de Siſteron & Seyne, pour en
égaliſer le prix; A quoy eſtant impoſſible de remedier que par un ordre pareil à celuy que Nous avons
pris pour les Frontieres deſdites Provinces avec l'E-
tranger : Nous voulons que par les meſmes Commiſ-
ſaires, il ſoit fait auſſi un Reglement de ce que les
lieux ſitués ſur les Frontieres de Dauphiné, peuvent conſommer de Sel annuellement, eu égard au

nombre d'Habitans & de Beſtiaux deſdits Lieux, pour leur eſtre délivré par leſdits Fermiers ou leurs Commis, au prix des plus prochains Greniers, comme il a eſté dit cy-deſſus.

XXXI.

Et generalement Nous voulons que tous les Edits, Ordonnances, Arreſts & Reglemens faits par nos Predeceſſeurs ſur le fait des Gabelles, notamment celui de 1639. & le noſtre de 1660. en ce qui peut ſervir à la conſervation de noſdits droits de Gabelle de Provence & Dauphiné ſoient executés, gardés & obſervés dans l'étenduë deſdites Fermes ſelon leur forme & teneur, en ce à quoy il n'a point eſté dérogé par ces Preſentes par toutes nos Cours & autres Officiers de nos Gabelles, auſquels Nous voulons que le preſent Edit ſerve de loy, & qu'ils jugent conformément à icelui, à peine d'en répondre en leurs propres & privés noms.

Si donnons en Mandement à nos amés & feaux Conſeillers les Gens tenans noſtre Cour de Parlement, Aydes & Finances, Chambre de nos Comptes de Dauphiné, Cour des Comptes, Aydes & Finances de Provence, & aux Viſiteurs, Controlleurs Generaux & autres Officiers des Gabelles, & à tous nos autres Officiers & Juſticiers que beſoin ſera, chacun en droit ſoy, Que le preſent Edit ils faſſent lire, publier & regiſtrer, & le contenu en icelui garder & obſerver de point en point, ſans ſouffrir ni permettre

tre qu'il y soit contrevenu : contraignans à ce faire &
souffrir tous ceux qu'il appartiendra par toutes voyes
deuës & raisonables, & sans se pouvoir dispenser des
peines & rigueurs portées par cesdites Presentes ; Enjoignons à nos Procureurs Generaux desdites Cours
& leurs Substituts, presens & à venir, de tenir la main
à l'execution dudit present Edit, nonobstant opposition ou appellations quelconques, Ordonnances, In-
structions, Moderations & Lettres à ce contraires, aus-
quelles & aux Dérogatoires des Dérogatoires y contenuës, nous avons dérogé par cesdites Presentes :
CAR tel est nostre plaisir. Et afin que ce soit chose
ferme & stable à toûjours, nous y avons fait mettre
nostre Scel. DONNE' à Paris au mois de Février,
l'an de grace mil six cens soixante-quatre. Et de nostre
Regne le vingt-uniéme. *Signé*, Par le Roy Dauphin,
LE TELLIER. *Et plus bas*, VISA. SEGUIER,
pour servir à l'Edit portant Reglement sur le fait des
Gabelles. Et à côté, Veu au Conseil, LOUIS. Et
scellé du grand Sceau de cire verte, sur lacs de Soye
verte & rouge.

Enregistré au Greffe Patrimonial & Criminel de la
Cour de Parlement, Aydes & Finances de Dauphiné,
ensuite de l'Arrest de ladite Cour du cinquiéme du present
mois d'Aoust mil six cens soixante-quatre, par moy Con-
seiller Secretaire du Roy, Maison & Couronne de France,
Greffier Patrimonial & Criminel en ladite Cour.

Signé BLANC

EXTRAIT DES REGISTRES
de la Cour de Parlement, Aydes & Finances
de Dauphiné.

Du 5. Aouſt 1664.

LOUIS par la grace de Dieu, Roy de France
& de Navarre, Daphin de Viennois, Comte
de Valentinois & Dyois: A tous ceux qui ces preſentes verront: SALUT. Sçavoir faiſons, Que ſur la
Requête preſentée à noſtre Cour de Parlement de
Dauphiné par noſtre amé & féal Procureur General
en icelle, tendante à la verification & Enregiſtre-
ment de nos Lettres Patentes, données à Paris au mois
de Fevrier preſente année mil ſix cens ſoixante-quatre,
portant Reglement pour les Gabelles des Provinces
de Dauphiné & Provence, pour être executées dans
ladite Province de Dauphiné, ſelon leur forme &
teneur, Vû par noſtre-dite Cour ladite Requeſte,
enſemble ledit Edit: Nôtredite Cour, les Chambres
aſſemblées, faiſant droit ſur ladite Requeſte;
Ordonne que très-humbles remontrances Nous ſeront faites dans trois mois pour la révocation des
Arreſts de nôtre Conſeil, qui ont dérogé aux modifications faites pas l'Arreſt de verification du Bail
à Ferme des Gabelles de noſtre Province de Dau-
piné & de Provence, du vingt-troiſiéme d'Aouſt
mil ſix cens ſoixante-deux, comme auſſi pour la révocation des Articles contenus au preſent Reglement,
qui ſont contraires auſdites modifications, & aux

droits & ufages de nôtredite Province : Et cependant fous noftre bon plaifir, Ordonne que ledit Réglement fera Enregiftré au Greffe de la Cour, pour être exécuté fous les charges & modifications fuivantes.

Sçavoir fur le premier Article ; Que les Habitans de noftredite Province, ne pourront fe fervir d'autre fel que de celüi qui fera pris dans nos Greniers, avec inhibitions & défenfes d'ufer d'autre fel, fous les peines & amendes portées par ledit Article, lefquelles amendes feront confignées en cas d'appel, où entre les mains du Procureur du Fermier defdites Gabelles, en la perfonne duquel il aura élû domicile, ou au Greffe de la Cour, à la forme des Reglemens d'icelle : Et moyennant ladite confignation fera deferé audit appel, jufques à ce qu'autrement foit ordonné ou pourvû par nôtredite Cour ; & la modification appofée fur le cinquante-fixiéme Article dudit Bail fortira fon plain & entier effet : Et en confequence, l'Arreft de nôtredite Cour du vingt-neuviéme Novembre mil fix cens trente-un fera de nouveau publié & executé felon fa forme & teneur, fans que ledit Fermier & fes fucceffeurs en ladite Ferme puiffent contraindre les Habitans de nôtredite Province de prendre du fel contre leur gré, fauf à lui de faire proceder extraordinairement contre les Faux-fauniers, fuivant la rigueur des Ordonnances & du prefent Reglement.

Sur le troifiéme Article, Ordonne que la peine portée par icelui contre les délinquants, ne pourra exceder la fomme de cent livres pour la premiere fois ;

& à défaut de payement dans deux mois, par l'impuissance des délinquans, ladite amende ne pourra estre commuée qu'en la peine du Carcan, & de la flétrissure, par la marque d'un G sur le bras gauche, sauf en cas de récidive estre procedé contre lesdits délinquans par les peines contenuës audit Article.

Sur le quatriéme, Ordonné pareillement que la peine portée par icelui, ne pourra estre que du foüet & flétrissure pour la premiere fois, & de la Galere pour dix ans en cas de récidive.

Sur le cinquiéme, l'amende portée par ledit Article, ne pourra exceder trente livres pour la premiere fois, & cent livres avec le foüet & la flétrisseure en cas de récidive.

Sur le sixiéme Article, ceux qui seront convaincus d'avoir conduit & voituré du faux-sel à port d'armes, force ouverte & attroupemens, seront punis de mort, & le procès leur sera fait & parfait par les Officiers des Gabelles ou Juges Royaux, dans le ressort desquels les délits auront été commis, nonobstant toutes oppositions & appellations quelconques, à la charge de l'appel à la Cour, qui aura un effet suspensif pour les peines corporelles.

Le septiéme Article n'aura lieu que pour ceux qui seront convaincus d'avoir achepté sciemment du sel non gabellé; Et quant à ceux qui auront donné sciemment retraite aux Faux-sonniers, ils ne seront condamnés pour la premiere fois qu'en trois mille livres d'amende, & en cas de recidive, ils seront soûmis aux peines portées par ledit Article.

Et pareillement les peines portées par les huitiéme & neufviéme Articles n'auront lieu, que contre ceux qui feront convaincus d'avoir favorifé lefdits Faux-fauniers, par connivence ou intelligence.

Sur les dixiéme & unziéme Articles, Ordonne que pour prévenir les abus qui pourroient eftre commis, fous pretexte des vifites & recherches permifes par lefdits Articles, les Archers, Gardes & Commis defdites Gabelles ne pourront procéder aufdites recherches & vifites, que fur les denonciations & Procès Verbaux qui auront été faits par les Officiers defdites Gabelles deuëment atteftés; & procedant par lefdites Archers, Gardes & Commis aufdites vifites & recherches, feront tenus d'y appeller les Châtelains, Confuls ou autres Officiers des lieux, & en leur abfence, trois des plus notables Habitans defdits lieux, aufquels eft enjoint d'y affifter, à peine de trente livres d'amende contre chacun des réfufans, fuivant la modification de nôtredite Cour.

Sur le feptiéme Article dudit Bail, qui fera executé felon fa forme & teneur, & fuivant icelle ledit Fermier, fes cautions & intereffés en ladite Ferme, demeureront refponfables civilement de tous les dépens, dommages & interefts qu'auront droit de prétendre, & qui feront adjugés à ceux dans les maifons defquels lefdites recherches auront été faites, en cas de vexation & de recherche calomnieufe.

Les douziéme, treiziéme & dix-huitiéme Articles n'auront lieu, qu'à la charge de l'appel pardevant ladite Cour, pour toutes les Sentences & Jugemens qui auront été donnés contre les délinquans, mêmes par les Prevôts des Maréchaux & Officiers des Gabelles, qui ne pourront estre déclarés executoires que pour les condamnations civiles, & non pour les peines corporelles, jusques à ce qu'il ait été dit droit sur l'appel qui aura esté relevé à nôtredite Cour.

Sur le quatorziéme, Ordonne sous nôtre bon plaisir, que les modifications faites par l'Arrest de verification dudit Bail, sur l'Article septiéme d'icelui, ensemble celles qui sont faites par le present Arrest, seront executées selon leur forme & teneur, mêmes pour la confiscation mentionnée par ledit Article, qui ne pourra avoir lieu au cas mentionné en icelui, comme contraire aux droits & usage de nôtredite Province, sauf d'être pourû par condamnation d'amende, selon l'exigence des cas & gravité du délit.

Le quinziéme Article n'aura lieu que pour les Chairs & Poissons qui seront transportés hors de la Province pour estre salés en fraude de la Gabelle.

Sur les vingtiéme & vingt-uniéme Articles, Ordonne qu'il sera usé comme ci-devant, sauf d'être pourvû sur la provisoire mentionnée audit vingt-uniéme Article, le cas échéant, & en connoissance de cause.

Sur le vingt-deuxiéme, la modification de nôtredite Cour sur l'Article quarante-neuf dudit Bail à Ferme, sortira son plein & entier effet ; & ce faisant, lesdits Fermiers en useront comme il a esté fait ci-devant, sans abus & sans vexation contre nos Sujets.

Sur les vingt-quatriéme & vingt-ciquiéme Articles, les modifications de nôtredite Cour sur les quarante-six, soixante-trois, & soxante-quatorziéme Articles dudit Bail seront executées selon leur forme & teneur, & n'aura lieu l'exemption portée par lesdits Articles, que pour ceux qui seront actuellement servans, & couchés sur l'Etat des Officiers desdites Gabelles, & sans fraude, & sans préjudice de la réalité des Tailles, & observation du Reglement de nôtre Conseil du 28. Octobre 1639.

Et pareillement sur les vingt-huit & vingt-neuviéme Articles dudit Bail, les modifications de nôtredite Cour sur les cinquante-sixiéme & cent-quatriéme Articles dudit Bail, & ledit Arrest de nôtredite Cour du 29. Novembre 1631, sortiront leur plain & entier effet.

Si Donnons en Mandement au premier nôtre Huissier ou Sergent requis, à la Requête de nôtredit amé & féal Procureur General, tu signifies le present Arrest à tous qu'il appartiendra, afin qu'ils n'en pretendent cause d'ignorance : De ce faire te donnons pouvoir, en témoin dequoi Nous avons fait mettre & apposer nôtre scel Dalphinal audit present Arrest. Donné à Grenoble en nôtredit Parlement, les Chambres Assemblées, le cinquiéme jour du mois d'Aoust, l'an de grace, mil six cens soixante-quatre, & de nôtre Regne le vingt-deuxiéme. *Signé*, par la Cour, BLANC, & scellé.

EXTRAIT DES REGISTRES
de la Cour des Comptes, Aydes & Finances de Provence.

Du 28. Juin 1664.

SUR la Requeste presentée par le Procureur General du Roy : tendant à verification & enregistration des Lettres Patentes de Sa Majesté, du mois de Février dernier, portant Reglement pour les Gabelles de cette Province & Dauphiné : Veu par la Cour les Lettres Patentes de Sa Majesté, portant Reglement des Gabelles de cette Province & Dauphiné, contenant trente-un Articles, en datte dudit mois de Février, Signé LOUIS : Et plus bas, Par le Roy, Comte de Provence, DE LYONNE, Et scellé du grand sceau de cire verte : La Requeste dudit Procureur General, tendante à l'effet que dessus, appointée, soient les Pieces mises pardevant Mᵉ J. F. Daymard Conseiller du Roy en la Cour, pour à son rapport ledit Procureur General d'abondant oüy, y estre ordonné ce qu'il appartiendra par raison, du sixiéme Juin 1664. Requeste presentée par les Procureurs des gens des trois Estats de cedit Pays : tendante à ce qu'il plût à la Cour leur octroyer la communication desdites Lettres Patentes & Reglement, pour après donner leur Moyen d'opposition, s'il y échet, appointée, soit montré audit Procureur General qui n'empêche ladite communication, re-

charge

charge & decret, de prendre la vifion pour trois
jours, des fixiéme & dix-feptiéme dudit mois de Juin:
Extrait des Lettres Patentes de Sadite Majefté en forme d'Edit pour l'Etabliffément du Minot pour la debite du Sel en cette Province à la place de la vieille
Efmine, & pour l'augmentation dudit fel à raifon
de quinze livres chacun Minot pefant cent livres poids
de Marc, du huitiéme Juin 1661. & du mois d'Aouft
fuivant : Extrait de Deliberation prife en l'Affemblée
generale des Communautez de ce Pays tenuë à Lam-
befc ledit mois de Février, Mars, Avril & May der-
niers. Moyen d'oppofition defdits Procureurs du Pays,
defquels le Procureur General de Sa Majefté a eu copie. Requefte prefentée à la Cour par les Echevins de
la Ville de Marfeille pour eftre joints & reçûs oppo-
fans à ladite verification & enregiftration defdites
Lettres Patentes : Decret de Jonction vû fans retar-
dation, du vingt-cinquiéme Juin auffi dernier. Ex-
ploit de Signification au Procureur dudit Fermier
avec fa réponfe. Moyens d'oppofition donnés par
lefdits Echevins dudit Marfeille, defquels copie en
a efté auffi donnée audit Sieur Procureur General,
du vingt-fixiéme dudit mois de Juin. Inventaires de
Productions defdits Procureurs du Pays, & Echevins
de Marfeille. Conclufions dudit Procureur General
du Roy, du vingt-troifiéme du fufdit mois de Juin,
& tout ce que par eux a efté fourni & produit; Oüy
le rapport dudit M. Daymard Commiffaire : tout
confideré. LA COUR, les Chambres affemblées, a
verifié & enteriné, enterine & verifie lefdites Lettres

Patentes en forme d'Edit, pour estre gardées, obser-
vées & executées selon leur forme & teneur, à la charge que les amendes ordonnées par le premier Juge,
ne seront exigées ; ni la Sentence executée en cas
d'Appel, Qu'après l'Arrest deffinitif le Prevost des
Marêchaux rencontrant les coupables pour le faux-
saunage, pourra faire la Capture & remettra les Délinquans dans les Prisons du Visiteur General des Gabelles, pour leur en faire le Procés, sauf l'Appel à la
Cour : Pour l'entrée des Salleures étrangeres & Esta-
blissement des Regrattiers ou Revendeurs de Sel à
petites Mesures, les Procureurs du Pays rapporte-
ront le Jugement de l'Instance pendante au Conseil :
cependant les choses demeureront en estat : Sont faites
Deffenses à toutes personnes de se servir de l'eau de la
Mer pour convertir en essence de sel : Et en ce qui
est des Fontaines sallées, les Reglemens & Arrests de
la Cour seront executez, & les Habitans de la Province prendront du Sel necessaire, tant pour eux que
pour leur Bestiaux, dans le Grenier du Roy, à la ma-
nière accoutumée, avec deffenses de se servir d'autres Sels que de ceux du Roy dûëment gabellés, sous
les peines portées par ledit Edit. Les Capitaines, Soldats & autres Officiers employés pour le fait des Gabelles, ne pourront estre distraits de la Jurisdiction
de la Cour : Et les Reglemens faits par Sadite Majesté pour le fait des Gabelles, dûëment enregistrés
par la Cour, & Arrests d'icelle, seront executés selon
leur forme & teneur, & seront lesdites Lettres Patentes registrées és Registres des Archives de Sa Ma-

jesté. Fait en la Cour des Comptes , Aydes & Finances du Roy en Provence, séant à Aix , le vingt-huitiéme Juin mil six cens soixante-quatre *Signé*, MENC.

EXTRAIT DES REGISTRES
du Conseil d'Estat.

Du 8. Juin 1665.

SUR ce qui a esté representé au Roy estant en
son Conseil , Que Sa Majesté pour faciliter la
Regie & Administration des Fermes des Gabelles de
Provence & Dauphiné , & faire cesser les difficultés
qui s'y rencontroient dans l'application des Ordonnances generales des Gabelles , au fait particulier desdites Fermes , auroit jugé necessaire de faire expedier
un Edit portant Reglement sur le sujet des Gabelles
desdites Provinces, lequel auroit esté tiré des Ordonnances & Reglemens cy-devant faits pour les grandes Gabelles & autres de ce Royaume : Et quoy que
ledit Reglement eût esté concerté avec les principaux
Officiers des Cours desdites Provinces , & qu'il n'y
eût rien de contraire aux droits & usages desdits
Pays : Neanmoins ledit Edit ayant esté presenté à la
Cour des Comptes, Aydes & Finances de Provence,
pour y estre enregistré , suivant l'adresse qui en avoit
esté faite à ladite Cour, elle y auroit par son Arrest
du vingt-huitiéme Juin dernier , apporté des modifications qui en renversent les principaux & les neces-

faires établissemens, & rendent inutiles toutes les
précautions que Sa Majesté avoit voulu prendre pour
empêcher les fraudes, & pour prévenir les punitions
par la crainte des peines : A quoy estant necessaire
de pourvoir. LE ROY ESTANT EN SON CON-
SEIL, sans s'arrester audit Arrest en ce qui concerne
lesdites modifications, a ordonné & ordonne, Que
ledit Reglement sera executé de point en point selon
sa forme & teneur, avec deffenses ausdites Cours des
Comptes, Aydes & Finances de Provence, & à toutes
personnes d'y contrevenir, à peine de désobéïssan-
ce, & d'estre procedé contre les contrevenans, suivant
la rigueur des Ordonnances : Enjoint Sa Majesté aux
Gouverneur & Lieutenant General de la Province &
autres Officiers, de tenir la main à l'execution du
present Arrest, qu'elle veut estre executé nonobstant
oppositions ou appellations quelconques, & sans préjudice d'icelles, dont si aucunes interviennent, Sa
Majesté se reserve la connoissance en son Conseil, &
l'interdit à toutes ses autres Cours & Juges : Veut en
outre Sadite Majesté, que le present Arrest soit affiché
& publié par tout où besoin sera. FAIT au Conseil
d'Etat du Roy, Sa Majesté y estant, tenu à S. Ger-
main en Laye le huitiéme jour de Juin mil six cent
soixante-cinq. *Signé*, DE LYONNE.

EXTRAIT DES REGISTRES
de la Cour des Comptes, Aydes & Finances de Provence.

Du 6. Fevrier 1668.

SUR ce qui a esté representé par le Procureur General du Roy, que dans le Reglement des Gabelles du mois de Février mil six cens soixante-quatre, & Arrest du Conseil de l'année mil six cens soixante-cinq, il y a plusieurs Articles dont l'execution est presqu'impossible, tant au regard du Fermier General des Gabelles, que des preuves de crime de Faux-Saunage, & qu'il y en a quelques-uns qui doivent estre interpretés pour l'interest de Sa Majesté & des Habitans de la Province : Au moyen dequoy il plût à la Cour, sous le bon plaisir de Sa Majesté, d'interpreter ledit Reglement, & apporter quelques modifications aux Articles premier, quatorze & vingt septiéme d'icelui, pour que ledit Fermier puisse découvrir les crimes de faux-saunage, & ceux qui en seront prévenus puissent donner leurs deffenses, sans estre exclus du benefice de droit : Vû ladite Requeste, & oüi le Directeur General de ladite Ferme des Gabelles, comme appert de ses deffenses sur le Regiftre. LA COUR, les Bureaux assemblez ; a ordonné & ordonne, que les Appellans des Sentences des Visiteurs & autres Juges des Gabelles ne seront oüis qu'en consignant ou donnant caution pour la somme de cent cinquante livres , moitié des trois cens de l'amende portée par ledit Reglement du Conseil : Et interpretant le quatorziéme Article du Reglement, ordonne que conformément à iceluy , sera enjoint aux Consuls, Greffiers & Officiers des Villes & Lieux de la Province , d'assister aux visites du Fermier incontinent qu'ils en seront requis , à peine de trois cens livres d'amende : Et en cas de refus , absence ou legitime empêchement, sera permis aux Commis & Gardes du Fermier, de prendre des Habitans du lieu pour assister ausdites visites , & signer leurs Procès verbaux , sous même peine : Et lors que les recherches seront faites aux Bastides & autres lieux de la Campagne : Pourront les Commis & Gardes se servir des plus proches voisins , lesquels feront obligés d'assister ausdites visites , à peine aussi de trois cens livres d'amende : Enjoint néanmoins au Fermier & à ses Commis, de payer lesdits Habitans sur le pied de quinze sols par jour : Ordonne en outre , que conformément aux Ordonnances, Arrêts & Reglemens de la Cour , les Commis, Gardes , Regrattiers & autres préposez au fait des Gabelles , seront exempts des Logemens des Gens de Guerre, Sequestrations, & de toutes charges personnelles, a fait & fait inhibitions & deffenses aux Consuls des Villes & Lieux de la Province , & à tous Sergens & autres Officiers , de leur en donner aucune, à peine de trois cens livres d'amende, à condition que les Commis, Gardes & autres Employez en ladite Ferme, feront mettre en notice leurs Commiſſions aux Conſuls des Villes & Lieux de leur reſidence : Fait même inhibitions & deffenſes audit Fermier & à ſes Commis d'uſer d'aucune ſuppoſition, ſous même peine ; Et quant à la Debite du Sel qui eſt faite par les Regrattiers dans toutes les Villes, Bourgs & Lieux de la Province, Ordonne que par le Commiſſaire qui ſur ce ſera député, les Procureurs des Gens des trois Etats, & le Fermier des Gabelles appellés, le prix du Sel ſera taxé & reglé dans l'étenduë de la Ferme, eu égard au prix du Grenier, frais de la Debite & Voiture ſelon la diſtance des Greniers, & pour le ſurplus du Reglement & autres Arreſts & Reglemens des Gabelles dûëment verifiez par la Cour, Ordonne qu'ils ſeront executés ſelon leur forme & teneur ; Fait inhibitions & deffenſes à tous qu'il appartiendra d'y contrevenir, ſous les peines portées par iceux ; Et afin que nul des Habitans des Villes & Lieux de la Province n'en prétendent cauſe d'ignorance, le preſent Arreſt ſera lû, publié & affiché à toutes les Villes, Lieux & Bourgs de la Province, & notifié aux Conſuls, à la diligence dudit Fermier, lequel leur en fournira des Copies pour le faire publier aux Prônes durant trois Dimanches conſecutifs. Fait en la Cour des Comptes, Aydes & Finances du Roy en Provence, ſéant à Aix le ſixiéme Février mil ſix cens ſoixante-huit. *Signé*, MENC.

Collationné aux Originaux par Nous Ecuyer,
Conſeiller - Secretaire du Roy, Maiſon,
Couronne de France & de ſes Finances.